Distance till freedom
Distance jusqu'à la liberté

2023

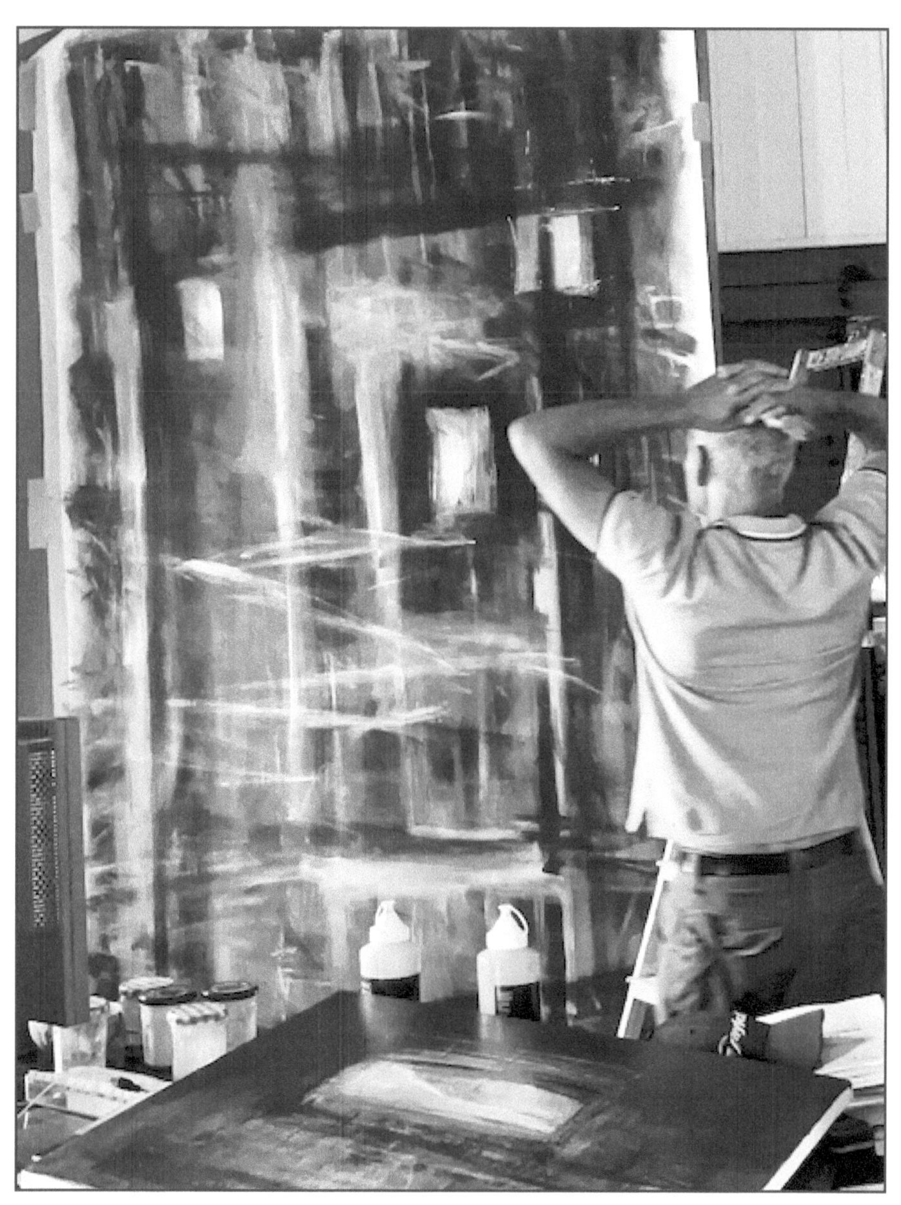

INTRODUCTION

"Sometimes, a chance encounter gives us the impression that we recognise ourselves. This outward movement seems obvious, and at the same time a licence to rediscover ourselves. When Gérard's gaze wandered over the entire gallery, taking in all the artists' works, I realised that he was the one who had the most to offer.
I realised that he was there to experience a time of his own, a unique time, a shared time, a time that he wanted to offer to the outside world. Through his poetry, I discovered all the nuances of our artistic, linguistic and cultural spaces. He wanted me to read and enjoy his art, and I was delighted to accept. Together, we talked about words, both the written word and the word wounded in his skin. By transporting each piece of writing into our mother tongues, I came to appreciate our tolerance of ambiguity.
I'd like to thank Gérard Barbe for his trust and generosity in sharing, and I hope that readers of his poems will find the way to their own emotions."

"Parfois, la rencontre du hasard nous donne l'impression de se reconnaître. Ce mouvement vers l'extérieur, nous apparaît comme une évidence, et à la fois une permission à se redécouvrir soi-même. Lorsque le regard de Gérard a parcouru toute la galerie pour déguster toutes les œuvres des artistes. J'ai compris qu'il était là pour vivre un temps à lui, un temps unique, un temps partagé, un temps qu'il a souhaité offrir à l'extérieur.
Par ses poésies, j'ai découvert toutes les nuances de nos espaces artistiques, linguistiques et culturels. Il a souhaité que je lise, et déguste à mon tour son art, c'est avec un immense plaisir que j'ai accepté cette aventure. Ensemble nous avons échangé sur les mots, ceux écrit et ceux blessés dans sa peau. En transportant chaque écrit vers nos langues maternelles, j'ai appréhendé la tolérance à l'ambiguïté.
Je souhaite remercier Gérard Barbe pour sa confiance et sa générosité au partage, en espérant que les lecteurs de ses poèmes, sauront trouver le chemin de leurs propres émotions."

Sylvie Amigo-Soulet
Directrice de la Galerie 21

Freedom now a lonely war,
held by a distance we never saw, a passive sea without a shore

La liberté est maintenant une guerre solitaire,
tenue par une distance que nous n'avons jamais vue,
une mer passive sans rivage

A unique collection of poems and paintings by
Une collection unique de poèmes et de peintures de

Gerard Barbe

Determining when to declare my artwork complete is a constant challenge. When do I confidently say, "It's finished!" and resist the urge to make more changes? Too often, my creations suffer because I've crossed the delicate threshold of letting go. In the vast realm of creativity defining my existence, releasing my grip is undeniably the most formidable challenge. It's a turbulent journey where my mind becomes a canvas for vibrant images, expressive words, and the unspoken, all clamouring for liberation. The true struggle, for me, is summoning the courage to surrender.

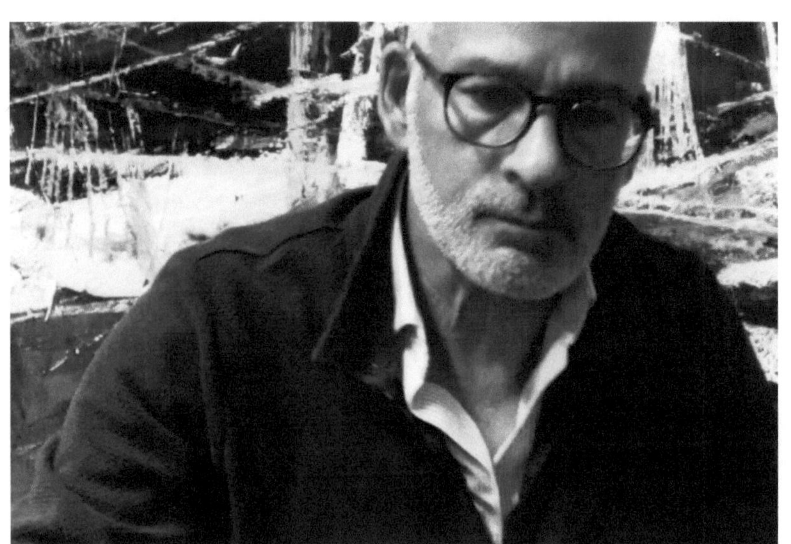

Amidst a challenging education and my parents' tumultuous divorce, my options seemed limited. At fifteen, my mother advised that my destiny lay in the arts. Ironically, I rebelled, giving up drawing, painting, and sculpting. Destiny asserted itself 35 years later, and I found myself once again creating. My mother's wisdom proved true, and as an artist, I've never felt more content.
While recent creations found homes with friends and family, a scarcity of exhibitions and a bidding war persuaded me to keep my artworks in the sanctuary of my studio.

Déterminer le moment où je dois déclarer mon œuvre achevée est un défi permanent. À quel moment dois-je dire en toute confiance : "C'est fini !" et résister à l'envie de faire d'autres changements ? Trop souvent, mes créations souffrent du fait que j'ai franchi le seuil délicat du lâcher-prise. Dans le vaste domaine de la créativité qui définit mon existence, lâcher prise est indéniablement le défi le plus redoutable. C'est un voyage turbulent où mon esprit devient une toile pour des images vibrantes, des mots expressifs et des non-dits qui réclament tous leur libération. Le véritable combat, pour moi, est de trouver le courage de me rendre.

Malgré un éducation difficile et du divorce tumultueux de mes parents, mes options semblaient limitées. À quinze ans, ma mère m'a conseillé de m'orienter vers les arts. Ironiquement, je me suis rebellé, abandonnant le dessin, la peinture et la sculpture.
Le destin s'est imposé 35 ans plus tard, et je me suis retrouvé à nouveau en train de créer.
La sagesse de ma mère s'est avérée exacte et, en tant qu'artiste,
je ne me suis jamais senti aussi heureux. Alors que des créations récentes ont trouvé refuge chez des amis et des membres de ma famille, la rareté des expositions et une guerre des enchères m'ont persuade de garder mes œuvres d'art dans le sanctuaire de mon atelier.

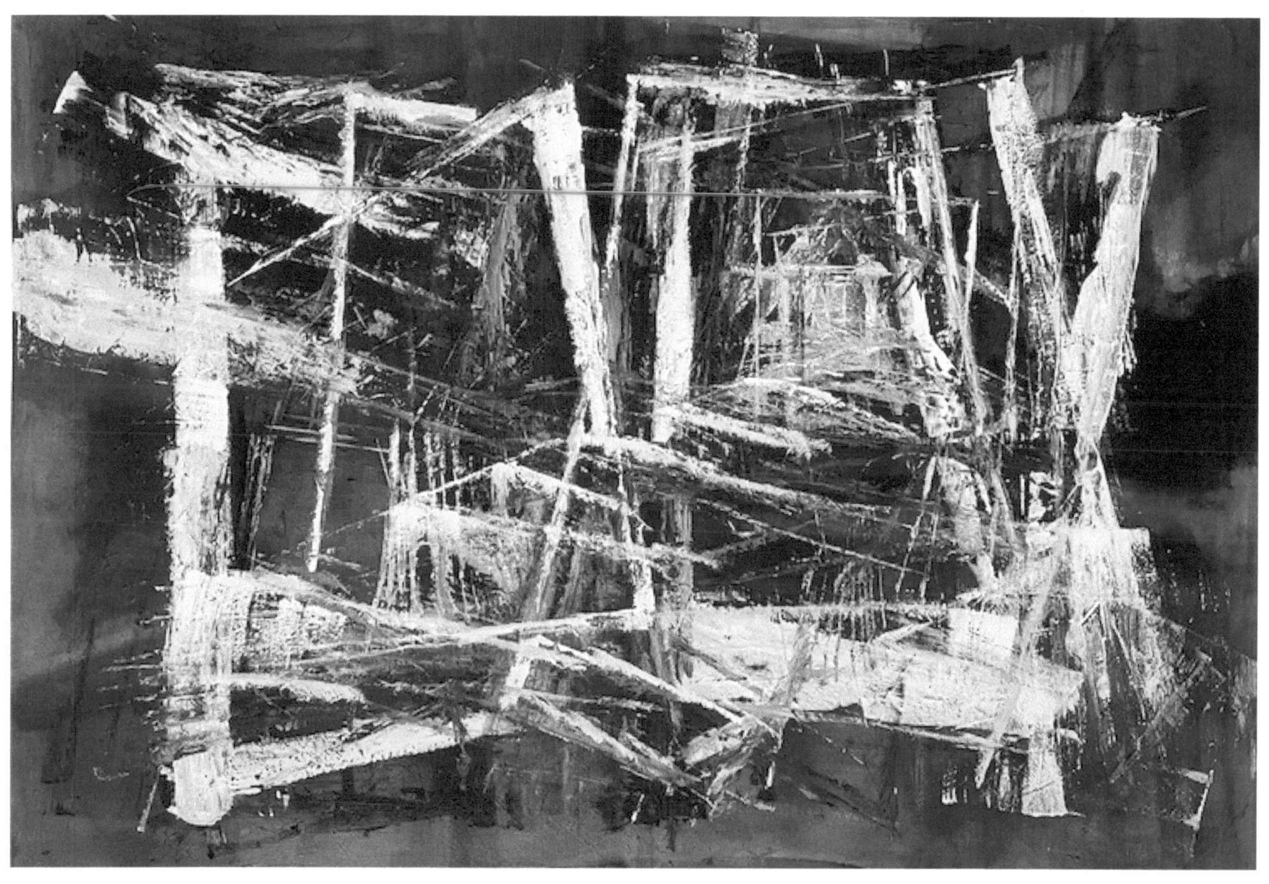

Exploring lost boxes, I found poems from years ago—on napkins, postcards, bits of wood.
Emotions surged, connecting past themes to current artwork. This collection spans four decades,
holding profound personal meaning. In sharing these creations is a testament to the belief
that love is all-encompassing. Consider this book a glimpse into my ongoing journey.

*En explorant des boîtes perdues, j'ai trouvé des poèmes datant de plusieurs années sur des
serviettes, des cartes postales, des morceaux de bois.*
Les émotions ont surgi, reliant les thèmes du passé à l'œuvre d'art actuelle.
Cette collection s'étend sur quatre décennies et revêt une signification personnelle profonde.
Le partage de ces créations témoigne de la conviction que l'amour est universel.
Considérez ce livre comme un aperçu de mon voyage en cours.

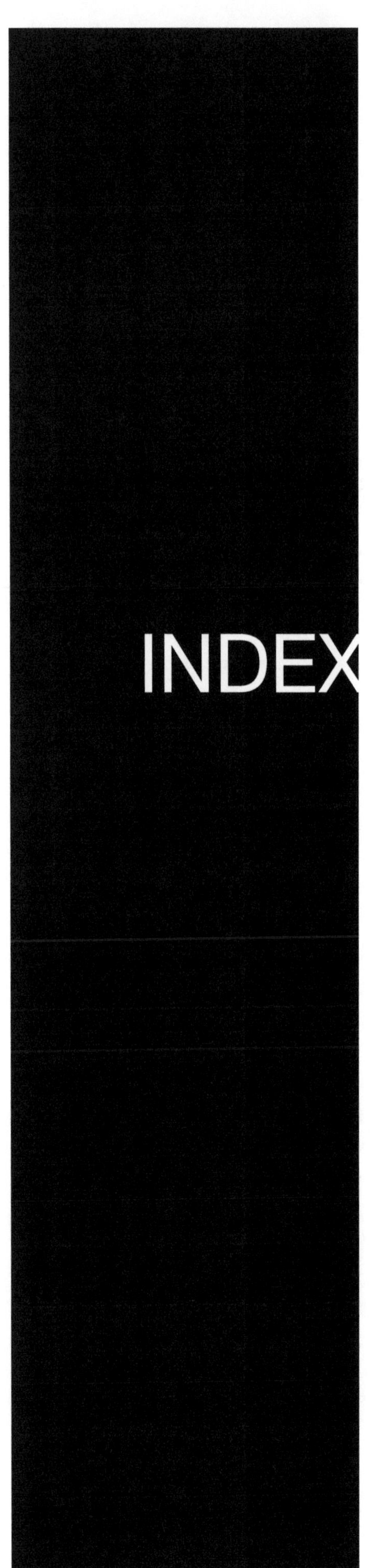

Poems / *Poèmes*

Distance

London

(1985)

London leaks pain in winter and drags hearts like rope over wet streets.
It bleeds and seeks no other, defining the loneliness in me.
It scrapes the walls and misses faces, as the morning fog pulls shadows from the ground.

A light once bright with hope now falls like rain into that blackened well of emptiness.
And my heart lives in a darkness like no other, a coldness not meant for someone else.
It changed any good in me that I would want to bridge, cancelled my compass, taking away the warmth of summer, the blossoms of spring, and the colours of autumn.

Now I slip through the streets unnoticed, wrestling with an icy breath,
to hide with time or commit to death. And death is this city that does not miss me.

Lift me, tear me, but don't pull these stitches free. I do not repair well under structures that curse me. I am a lonely bench inside a courtyard, and this courtyard hides unwanted souvenirs behind a thousand broken hearts.

Londres

Londres fuit la douleur en hiver et traîne les cœurs, comme une corde dans les rues humides.
Il saigne et cherche comme aucun autre, définissant la solitude en moi.
Il gratte les murs et efface les visages, dans le brouillard du matin, tandis que les ombres me tirent du sol.

Une lumière autrefois brillante d'espoir tombe maintenant comme la pluie, dans un pluie noir de vide. Et mon cœur connaît une obscurité sans pareille, une froideur qui n'en touche aucune autre
Tu as brisé tout ce qu'il y avait de bon en moi que je ne peux combler.
Tu as perdu ma boussole qui m'apportait la chaleur de l'été, les fleurs du printemps
et les couleurs de l'automne.

Maintenant, je me traîne dans les rues; Anonyme.
Je lutte contre le souffle glacé du temps ou me livre à la mort dans cette ville, qui ne me manque pas.

Enlèvez-moi, déchirez-moi, mais n'enlevez pas mes racines. Je ne pourai me réparer, si les structures restaient immobiles.
Il y a toujours un lieu solitaire qui m'attend, quelque part, à l'intérieur d'un carré, et dans celui-ci, tous les souvenirs de mille cœurs brisés.

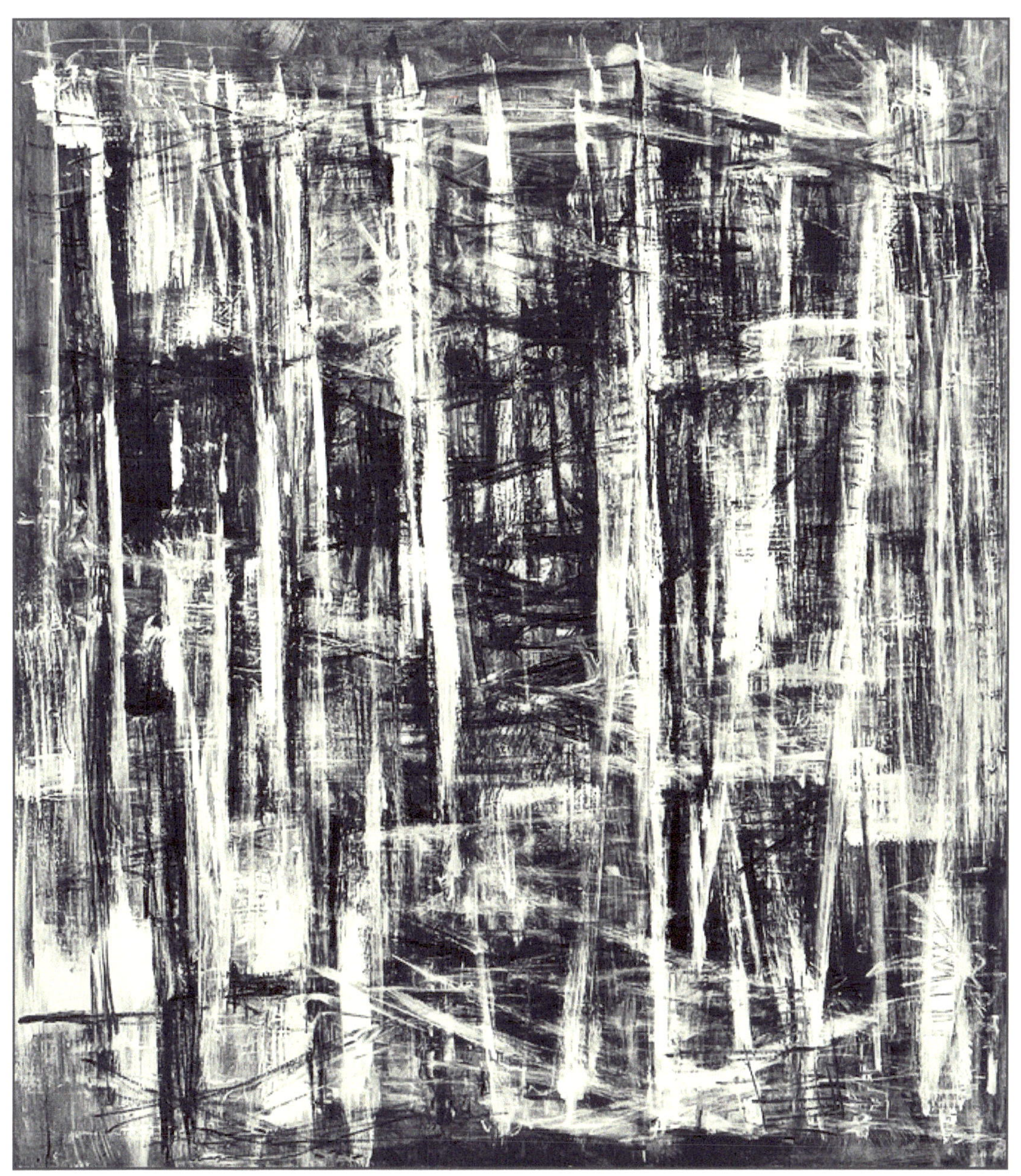

More than rain

NIGHT *falls*

1974 London

When night falls, this torment begins.
I'm gripped by a pain, deep within.

I can only think of you, longing for our nights.
I want to die sleepless and end these fights.

When night falls, why does darkness live?
Each day passes without me being able to give.

When night falls, time stands still.
I'm empty without you; I have lost all will.

La nuit tombe

Londres

Quand la nuit tombe, le supplice commence.
Cette douleur m'étreint au plus profond de moi.

Je ne pense qu'à toi, et à la nostalgie de nos nuits.
Je veux mourir sans dormir pour mettre fin à nos ennuis.

Quand la nuit tombe, pourquoi l'obscurité vit-elle encore?
Chaque jour passe sans que je ne puisse y apporter quelque chose.

Quand la nuit tombe et que le temps s'arrête,
je suis vide sans toi et je perds toute volonté.

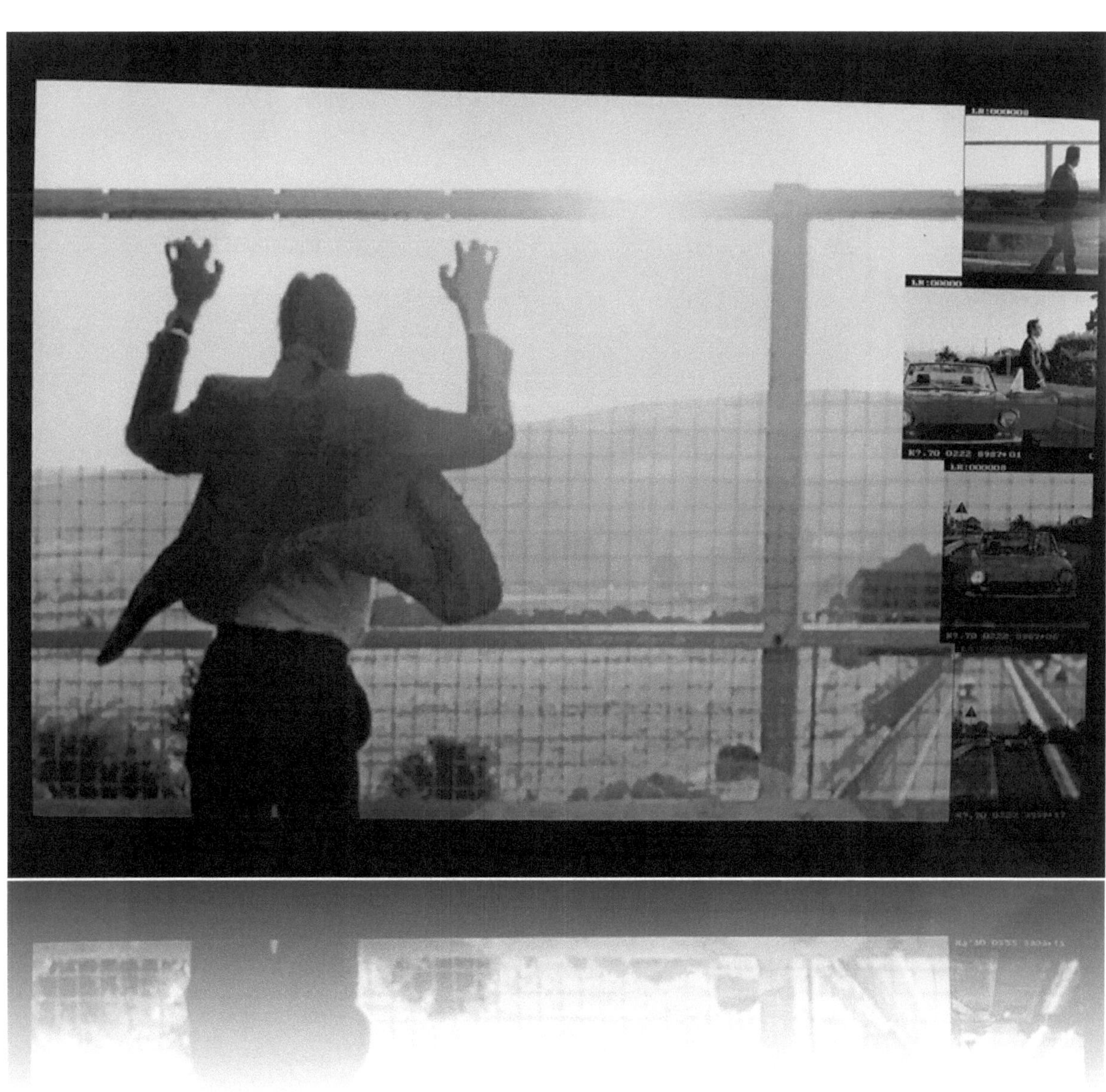

The Storm

(1995) Normandy

There is a storm lost above an ocean, with clouds that never stray.
The rain lingers in a breeze of passion, the thunder rumbles throughout the day.
It is like a heart that wants to live, a beat desperately wanting to give.
It dies battered by the sea, It dies deep inside of me.

Une Tompete

(1995) Normandie

Il y a une tempête perdue au-dessus d'un océan, avec des nuages qui ne s'éloignent jamais.
La pluie s'attarde dans une brise de passion, le tonerre gronde tout au long de la journée,
tel un coeur qui souhaite vivre, battant et désireux de s'abandoner encore.
Il meurt battu par la mer, Il meurt au plus profond de moi.

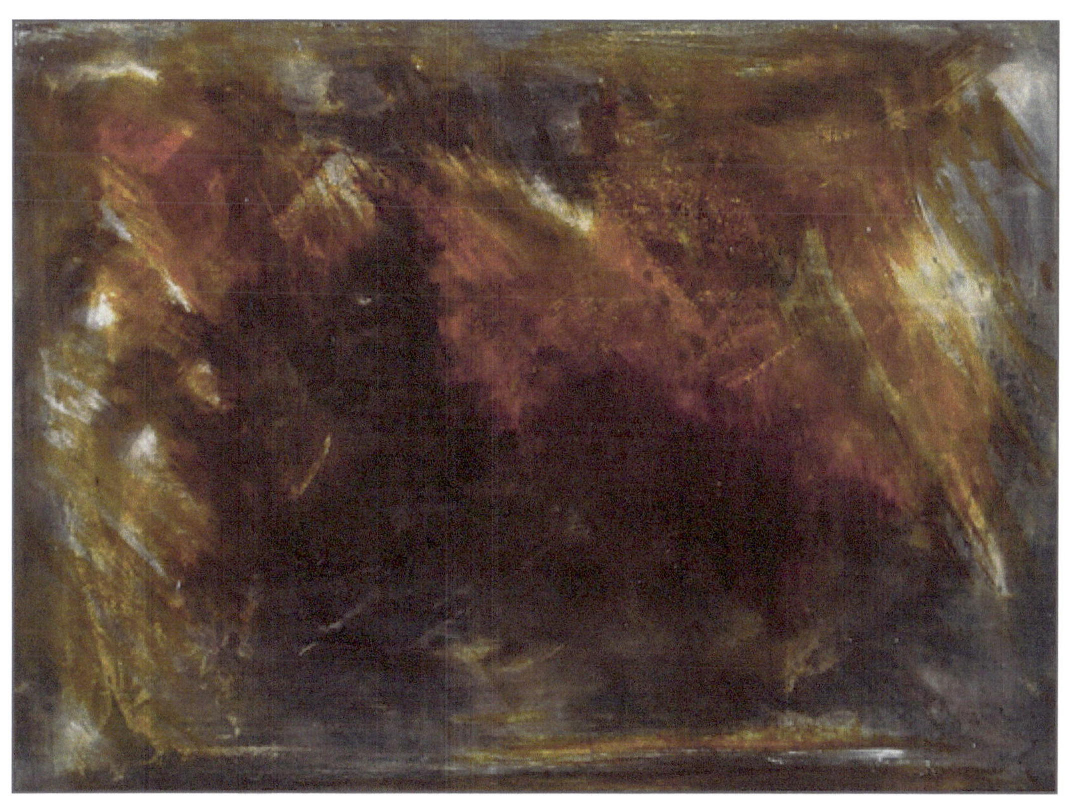

The Storm

Empty
(2006) New York

Let me grow old, stay empty, and feel this cold.
Help me to see the light in others, where I see the faces of my brothers.

Once a time was ours, time was mine.
It thundered in, then crept away; a time we loved, now there's nothing to say.

This journey where we stood alone, holding onto dreams that were never sown.
And within a noise desperate and unclear, I felt the hate, I felt your fear.

It's better less said, it's better left alone; let's kick it again under a stone.
It is an empty search, a forgotten one, lost on the horizon like someone's son.

And this air has become, silent lost with time.
It can never be captured, just like mine.

Vide
(2006) New York

Laisse-moi vieillir, rester vide et ressentir ce froid.
Aide-moi à voir la lumière chez les autres, là, où je vois le visage de mes frères.

Il était une fois où notre temps était le mien.
Il est entré en trombe, puis s'est éloigné; une époque que nous aimions,
maintenant il n'y a plus rien à dire.

Ces voyages où nous sommes restés seuls,
à nous accrocher à nos rêves que nous n'avons jamais semés.
Et dans un bruit, désespéré et peu clair, j'ai senti la haine, j'ai senti ta peur.

Il vaut mieux ne pas le dire, il vaut mieux le laisser tranquille. Laissons le sous le tapis.
C'est une recherche vide de sens, une recherche oubliée,
perdue à l'horizon comme le fils de quelqu'un.

Alors l'air est réduit au silence, perdu cette fois.
Il ne pourra jamais être capturé, tout comme le mien.

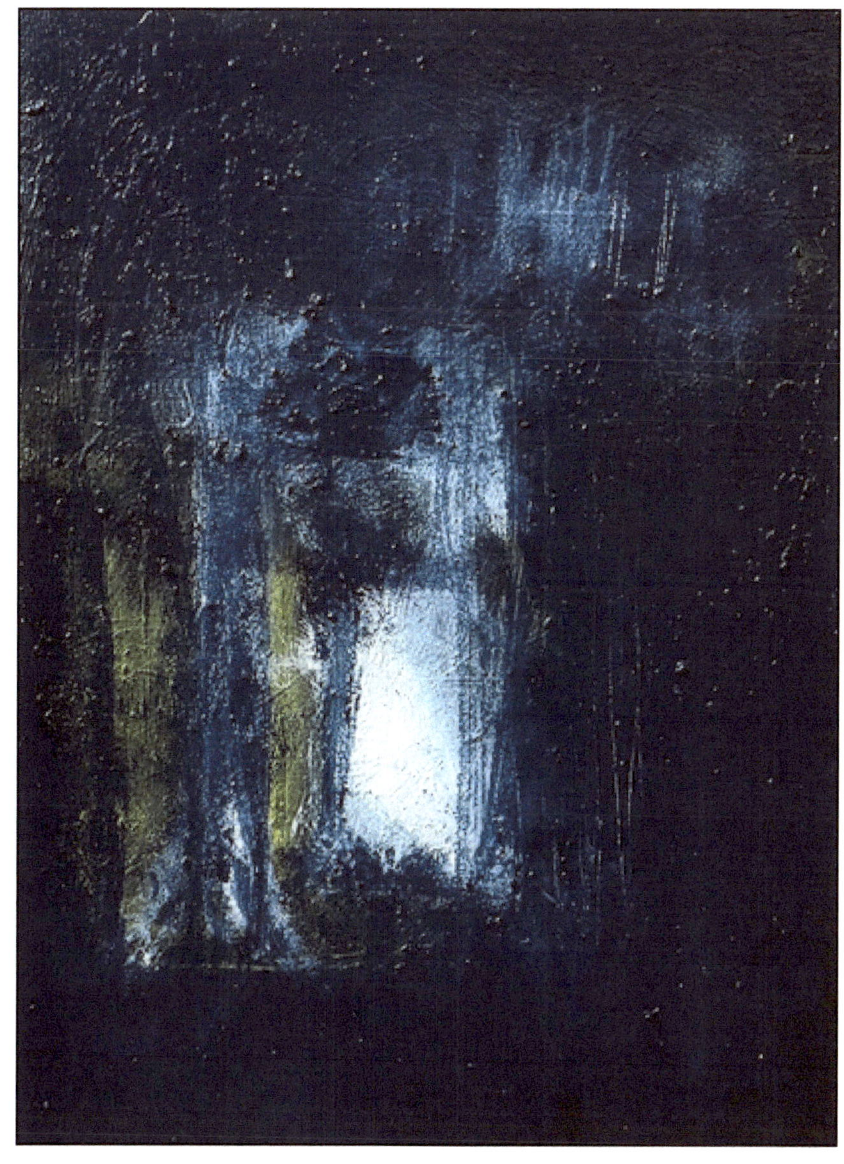

Empty

Go

(2019) Soulac sur Mere

Go and find that breath, not from me.

Take what you leave
        and give me back my time.

        Shout at the heavens and scream.

But go.

And go quickly, don't drag or swagger, don't
turn and be mean, don't hesitate or try to talk,
just go before I bleed.

Go so you become small,

        I will try to feel tall.

        Let me break here,
        so I may silently fall.

But go now and go fast, keep your lips tight
and your eyes dark behind the glass.

For today will be yesterday,

        and tomorrow will be now,

        I beg you,

                just go now.

Pars

(2019) Soulac-sur-Mer

Pars, trouver un autre souffle loin de moi.

*Prends toutes tes frasques
        et rends-moi mon temps.*

        Crie vers les cieux ,hurle,

Mais pars.

*Pars sans traîner, sans t'agiter,
ne te retourne pas, ne sois pas violente.
N'hésite pas, n'essaie pas de parler, ne me
regarde pas saigner.*

Pars et deviens toute petite dans ma vie

        et jessaierai de me sentir grand.

        Laisse-moi souffrir en silence,

*Mais pars maintenant, pars vite, garde tes
lèvres scellées et tes yeux loin de moi.*

Car aujourd'hui sera hier,

        et demain est déjà maintenant.

        Je t'en prie,

                pars maintenant.

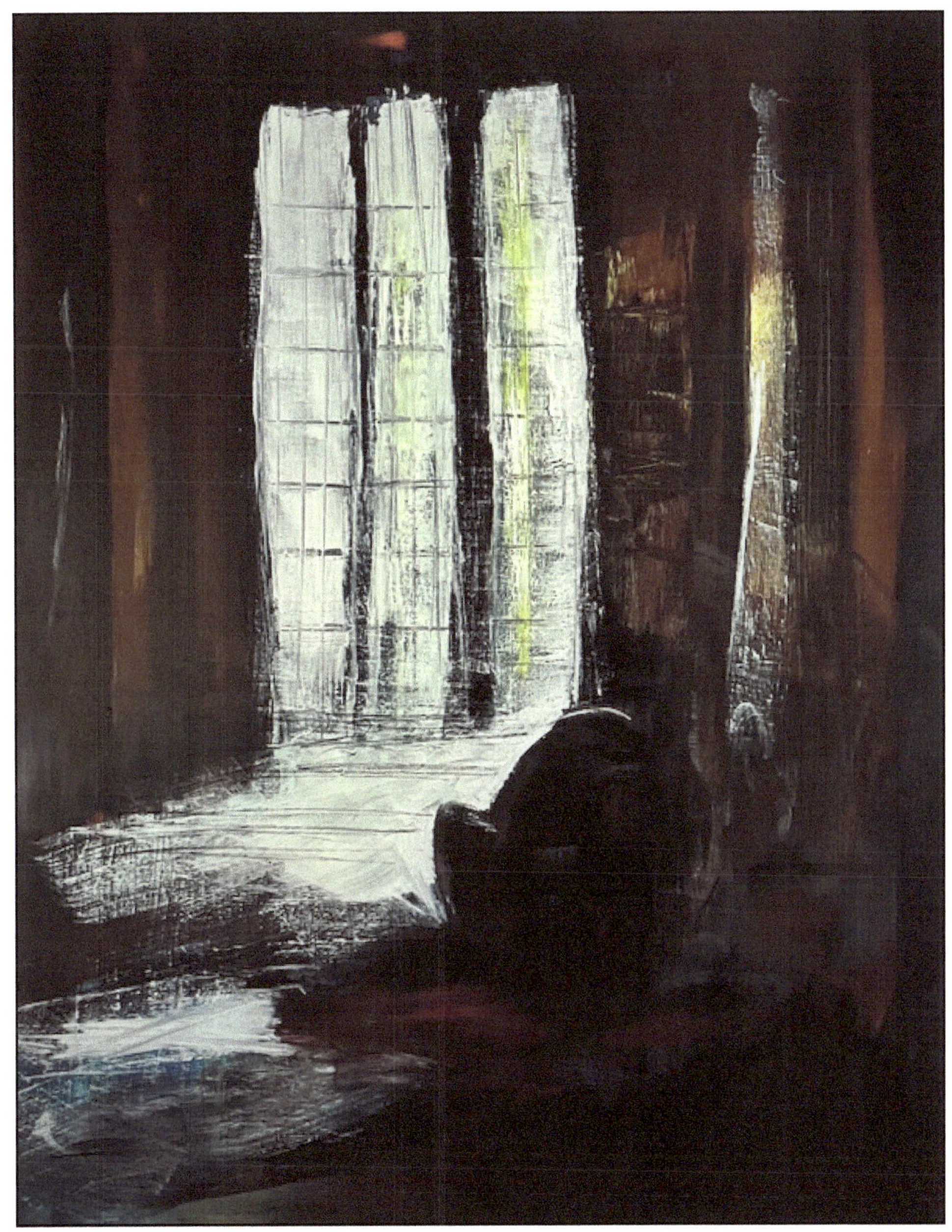

Alone

Father

(1975) Saint - Raphael

You took me on a train, then to the sea,
there you played but never talked to me.
I do not know who you really are,
all your stories and actions now so far.
I ask questions about what you see, yet
you avoid telling me.

You live like an actor of show and tell,
treat people like a bottomless well.
Yet you take me on this train,
to your house which has no name.

As I sit upon the rocks, looking down at
beauty with golden locks,
another of your victim lies, then another
before sunrise.

But why did you bring me here?
Was I supposed to hide away,
live inside your Gauguin den, dropping
keys into a tray?

Father, I will never know,
yet I have only scars to show.
I tried so hard to leave your hand,
made mistakes like any man.

I never sleep, just like you,
it's the only trait that is true.
My life moves forward with time to spare,
not for you, then again, should I care.

You never saw what I'd become,
you missed my children, but so did Mum.
Now the earth buries you,
but this pain I carry misses you.

Père

(1975) Saint-Raphaël

On a pris un train, pour la mer,
et là, tu m'a dévoilé ta vie,
mais tu n'as jamais parlé avec moi.
Je ne sais pas qui tu es vraiment,
toutes tes histoires et tes actions, sont si
lointaines de moi. Je pose des questions,
mais tu évites toujours le sujet.

Tu vis, comme un acteur de théâtre,
montre et raconte, et traite les gens comme
un puits sans fond.
Pourtant, tu m'emmènes dans ce train,
vers une maison qui n'a pas de nom.

Assis en haut des rochers, je te vois,
toi, et cette beauté aux mèches dorées,
une de tes victimes du matin,
puis une autre, au coucher du soleil.

Mais pourquoi m'avez-vous ammené ici ?
Suis-j,e suis censé devenir comme toi,
comme ce "Gauguin" sous le soleil avec un
harem de femmes
Père, je ne le serai jamais.
Mais je partage tes cicatrices.
Moi, j'ai vraiment essayé de quitter ta main.
J'ai commis des erreurs comme tout homme,

Tout comme toi, le seul trait qui nous unit,
c'est notre noctambulisme.
Ma vie avance, pas la tienne, mais encore
une fois, devrais-je m'en soucier ?

Tu n'as jamais vu ce que j'étais devenu, tu as
manqué tes petits enfants, tout comme
maman. Maintenant la terre t'a repris
mais tu manques à cette douleur que je
porte.

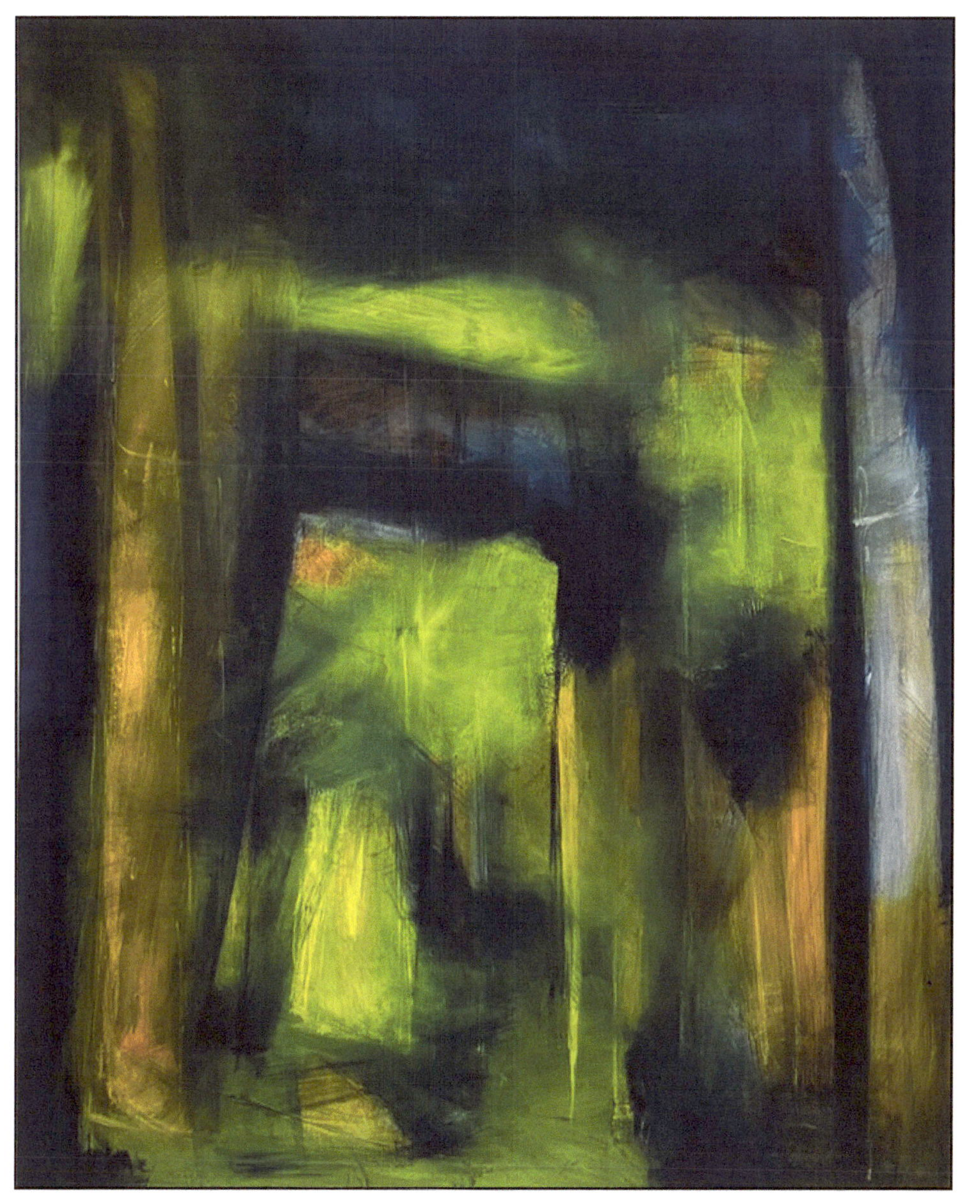

Arches

Us

(2023)

What a piece of work we are,
our civilization raising the bar.

We ask questions under a false light,
stand alone on a planet's height.

We gaze upon the night with stars,
and somehow claim that they are ours.

Then we turn and destroy our home,
as if we were commanding the unknown.

We talk of love and heaven's door,
but leave our horrors by the score.

We defalcate by land and sea,
which define our actions, a shopping spree,

We substitute with religious books,
a bestseller, held by tender hooks,

But what a piece of work are we?
The end draws near, and we fail to see.

Nous

(2023)

Quelle œuvre sommes nous ?
Notre civilisation place la barre très haut.

Nous posons des questions sous une fausse
lumière,
nous nous tenons seuls à la hauteur d'une
planète.

Nous regardons la nuit étoilée
et prétendons qu'elles sont les nôtres.

Puis nous nous retournons et détruisons
notre maison, comme si nous commandions
l'inconnu.

Nous parlons d'amour, de la porte du
paradis, mais nous laissons nos horreurs sur
le carreau.

Nous défalquons par terre et par mer,
ce qui définit nos actions,
une frénésie d'achats.

Nous remplaçons les livres religieux
par un best-seller, par l'anticipation.

Mais quelle œuvre sommes-nous?
La fin approche, et nous ne voyons rien.

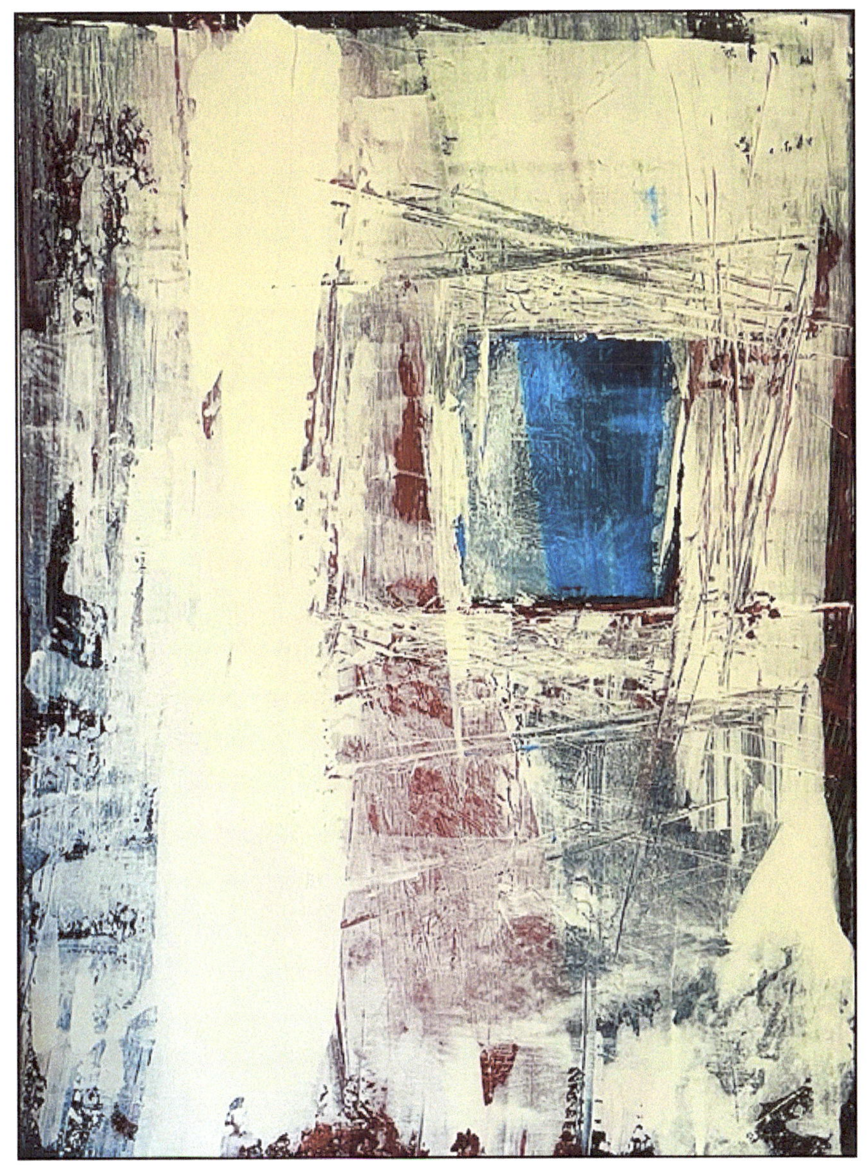

Derelict

Freedom
Liberté

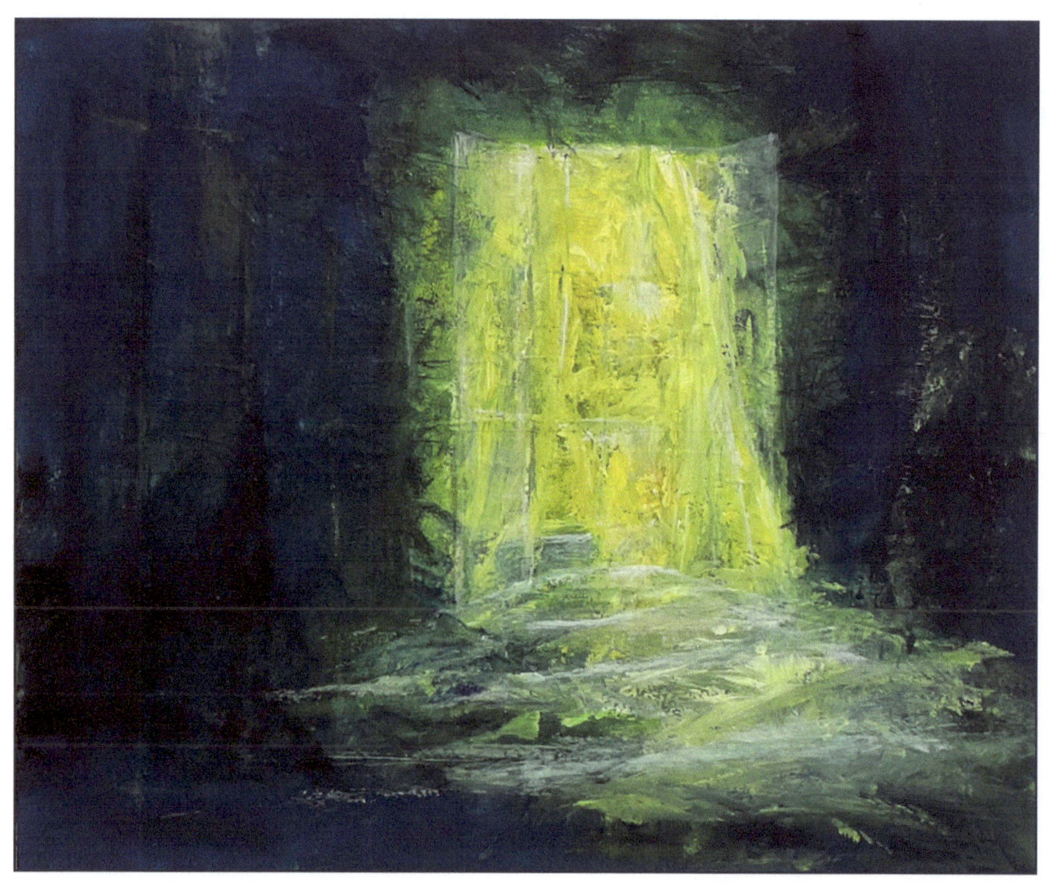

Love

If I say I love you

Scream at me, kick me too, Nothing can hurt me when I look at you.
And if I say I love you, it's because I do.

Crash the car, forget who you are, make me wait I don't care if you're late,
but woman when I say I love you, it's because I do.

If you don't feel great and you hesitate, so your eyes swell under moments you dwell,
If life keeps pounding and you feel you're lost, And everything takes on a greater cost.
Just hear me say If I say I love you, it's because I do.

If I say I love you, it's because it's you. You are my days, my nights, my dreams too.
My hopes, my heart that beats for you—can't you see it's true.

So if I say I love you, it's because I do.

Si je dis que je t'aime

Crie, frappe-moi aussi, rien ne peut me blesser quand je te regarde,
Et si je dis que je t'aime, c'est parce que je t'aime.

Casse la voiture, oublie qui tu es, fais-moi attendre, je m'en fiche que tu sois en retard,
Mais, "Femme". si je dis que je t'aime, c'est parce que je t'aime.

Si tu ne te sens pas bien, que tu hésites, que tu a envie de pleurer,
si la vie continue de frapper et que sois perdue, la vie prend alors, un poids plus grand.
Écoute-moi, si je dis que je t'aime, c'est parce que je t'aime.

Si je dis que je t'aime, c'est parce que c'est toi. Tu es mes jours, mes nuits, mes rêves aussi.
Mes espoirs, mon cœur qui bat pour toi.
Ne peux-tu pas voir cette vérité ? Donc, si je dis que je t'aime,

c'est parce que je t'aime.

Hearts
(1998) Belsize Park

Our love, a whisper beyond the tranquil haze,
unyielding, a solitude ablaze.

My grasp, once firm, now feels the void,
hearts stilled, hopes destroyed.

Let's meet again in thoughts' embrace,
rekindle what was lost in this changing place.

Sunlight trails behind your every stride,
you are my sea, my relentless tide.

But these winds took me so far away,
I was only hoping for time to say.

Somewhere in our hearts we forgot to trust,
like gates left open, now in silence, rust.

We loved, like an unstoppable train, it's a force,
through joy, sorrow, and pain.

And this distance now seems so vast,
yet we long same comfort, a love to last.

Why can't we just let our souls strip bare,
search our hearts, there is more we can share.

Look into my eyes my love, it could be the last time,
love guides our journey, and forever you will always be mine

Les Cœurs
(1998) Belsize Park

Notre amour, un murmure au-delà de la brume tranquille,
inébranlable, une solitude en feu.

Mon emprise, autrefois ferme, sent maintenant le vide,
les cœurs se sont endormix, les espoirs ont été détruits.

Retrouvons-nous dans l'étreinte des pensées,
raviver ce qui a été perdu dans ce lieu changeant.

La lumière du soleil suit chacune de tes foulées,
tu es ma mer, ma marée implacable.

Mais ces vents m'ont emmené si loin,
qu'y a-t-il d'autre à dire mon amour,

Quelque part dans nos cœurs, nous avons oublié de faire confiance,
comme des portails laissés ouverts, rouillés maintenant dans le silence,

Nous avons aimé, comme un train inarrêtable,
c'est une force, à travers la joie, le chagrin et la douleur.

Et cette distance semble maintenant si vaste,
mais nous aspirons au même confort, à un amour qui durerait.

Pourquoi ne pouvons-nous pas laisser nos âmes se dénuder,
et fouiller nos cœurs? il y a plus que nous a partager.

Regarde-moi dans les yeux, mon amour, c'est peut-être la dernière fois.
L'amour guide notre voyage, et pour moi, tu seras toujours la mienne.

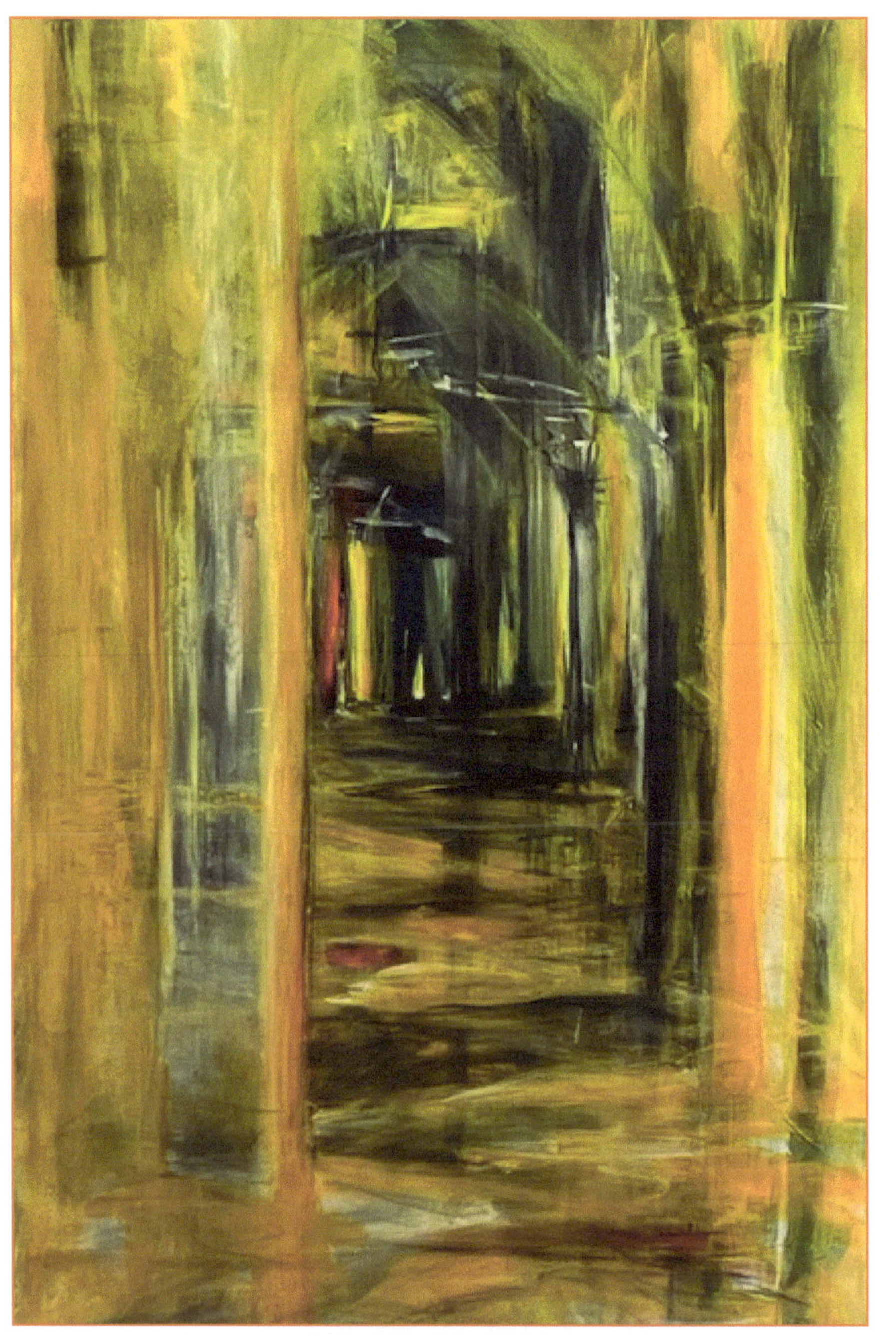

Somewhere

Somewhere

(1990) Paris

If love lies somewhere, then it lies deep within my art.
It defines my light and moves my dark.

If love lies somewhere, then colours talk,
with a passion that can never be bought.

If love lies somewhere, then let it cover me like a giant tree,
bind me to this earth, not thrown to any sea.

If love lies somewhere, then it lies far from thee,
I have seen others in love, and they are free.

So why can't it be me?

Quelque part

(1990) Paris

*Si l'amour se trouve quelque part, alors il se trouve au plus profond de mon art.
Il définit ma lumière et déplace mon obscurité.*

*Si l'amour se trouve quelque part,
alors les couleurs s'expriment avec une passion inestimable.*

*Si l'amour se trouve quelque part, alors il me couvre comme un arbre géant.
Il m'attache à cette terre, m'évitant les tumultes de la mer.*

*Si l'amour se trouve quelque part, alors il se trouve loin de toi,
J'ai pu voir d'autres amoureux, libres dans leur propre voie.*

Alors pourquoi pas moi ?

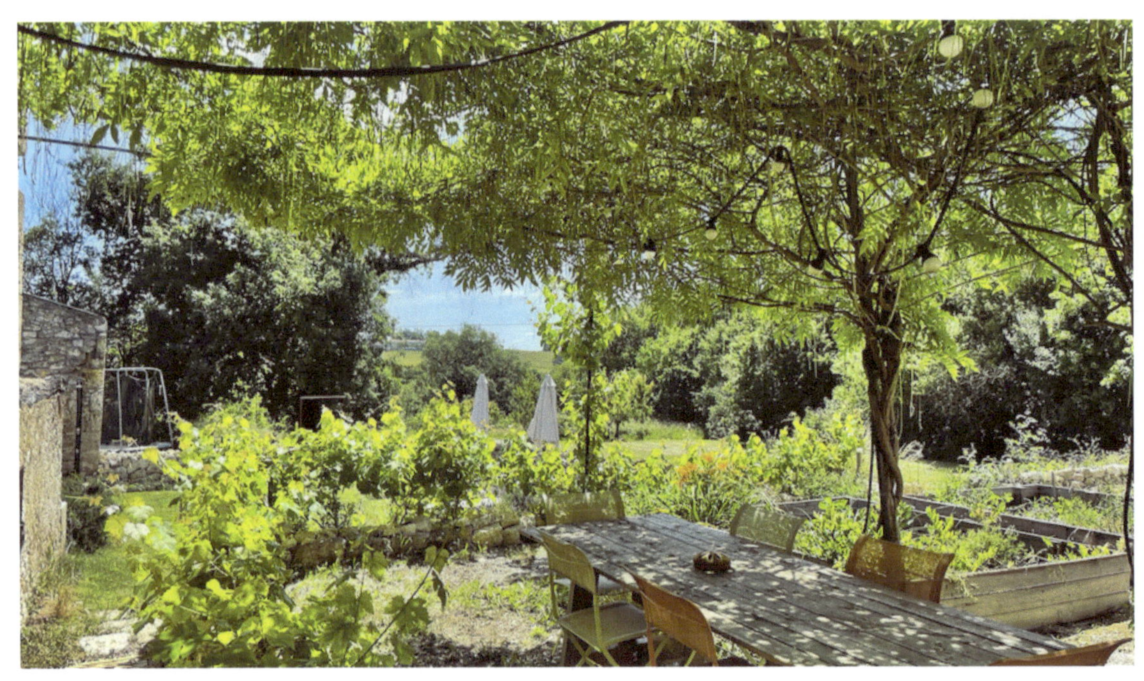

La Tasque

(2021) Le Gers

There is nothing outside this door; there is less inside.
Walls now hollow, and doors that hide.

Nature moves, and memories follow.
A moment's pleasure, the stain of sorrow.

So we choke it, and make want to leave.
For someone cares, and others bleed.

Once true, a gift from one above.
We hurt it standing, and lost our love.

La Tasque

*Il n'y a rien derrière cette porte. Il n'y a encore moins à
l'intérieur.
Des murs, maintenant creux et des portes qui se cachent.*

*La nature évolue et les souvenirs l'acompagnent.
Moments de plaisir, une touche de chagrin.*

*Alors nous l'étouffons et voulons qu'il parte.
Certains s'en soucient, d'autres saignent.*

*Une fois passé, ce don venu du ciel.
Nous avons blessé son existence et perdu notre amour.*

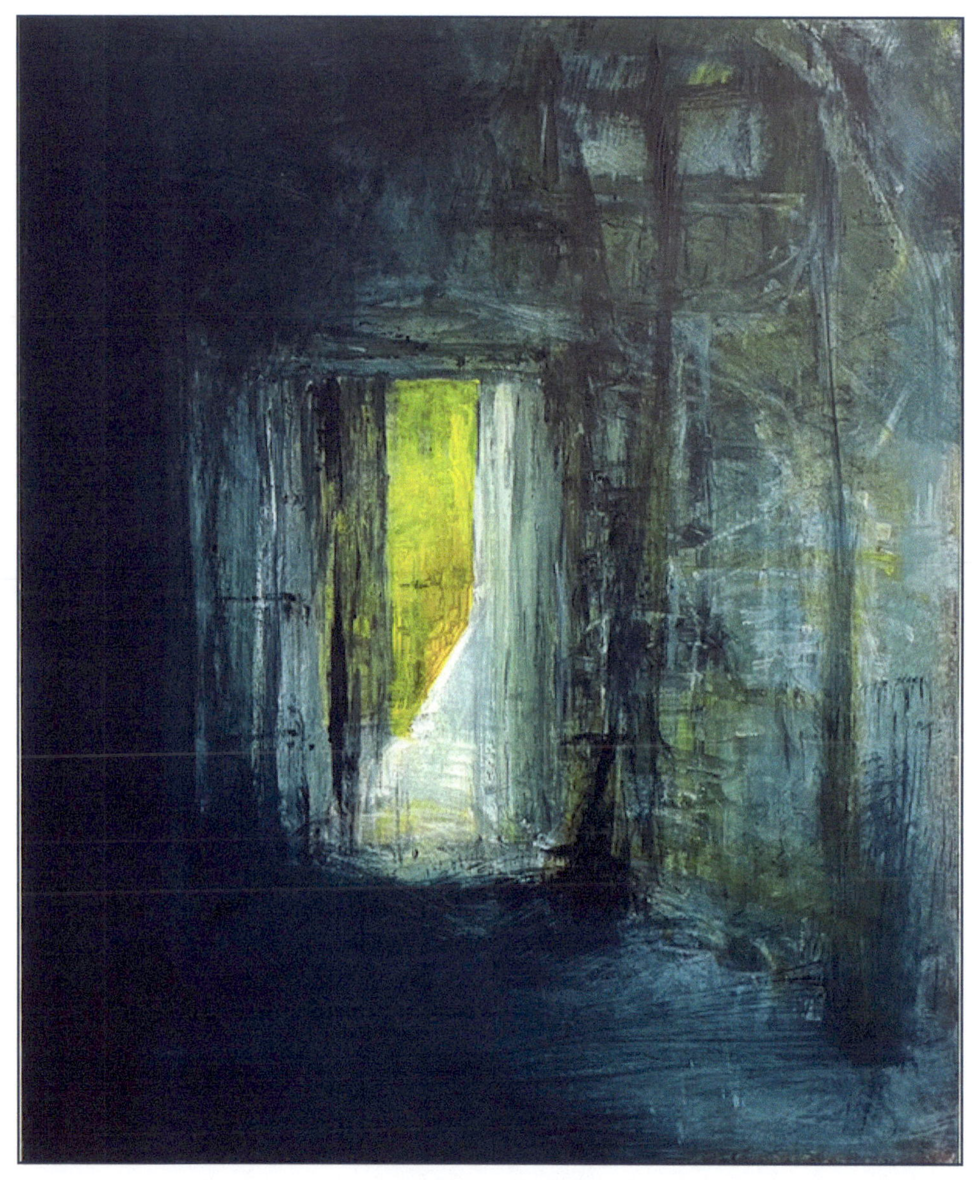

To the Garden

To the Garden

(2015) Le Gers

I imagined our garden, a lush and full of grace,
a sanctuary where tranquility finds its space.

With fragrant blossoms, in a vibrant array,
a magical symphony where colours play.

The roses blushed, there secrets they would share,
there thorns a reminder that life is seldom fair.

Yet in their beauty, resilience did gleam,
a metaphor for life, or so it seemed.

Each step we took, had a story to tell,
Of fleeting moments and the world's carousel,

In that quiet garden, neath the vast expanse,
I found my peace, my spirit to enhance.

So in my heart, this memory I'll keep,
Of that last walk with you, where sorrows were
asleep.

In nature's garden, I found solace true,
And left with peace as morning's light withdrew

Au Jardin

*J'ai imaginé notre jardin, luxuriant et plein
de grâce,
un sanctuaire où la tranquillité trouve sa
place.*

*Avec des fleurs parfumées dans une gamme
vibrante,
une symphonie magique où les couleurs
s'amusent.*

*Les roses rougissaient, elles partageaient
leurs secrets,
leurs épines nous rappellent que la vie est
rarement juste.*

*Pourtant, dans leur beauté, la résilience
brillait,
une métaphore de la vie, ou du moins
c'est ce qu'il semble.*

*Chaque pas que nous faisions, racontait
une histoire,
des moments fugaces, le carrousel du
monde.*

*Dans ce jardin tranquille, dans cette vaste
étendue,
j'ai trouvé ma paix, mon esprit en totalité.*

*Alors dans mon cœur, je garderai
le souvenir, de cette dernière promenade,
avec toi où les chagrins étaient endormis.*

*Dans l'essence de ce jardin,
j'ai trouvé une vraie consolation.*

*Je suis reparti en paix, alors que la lumière
du matin se retirait.*

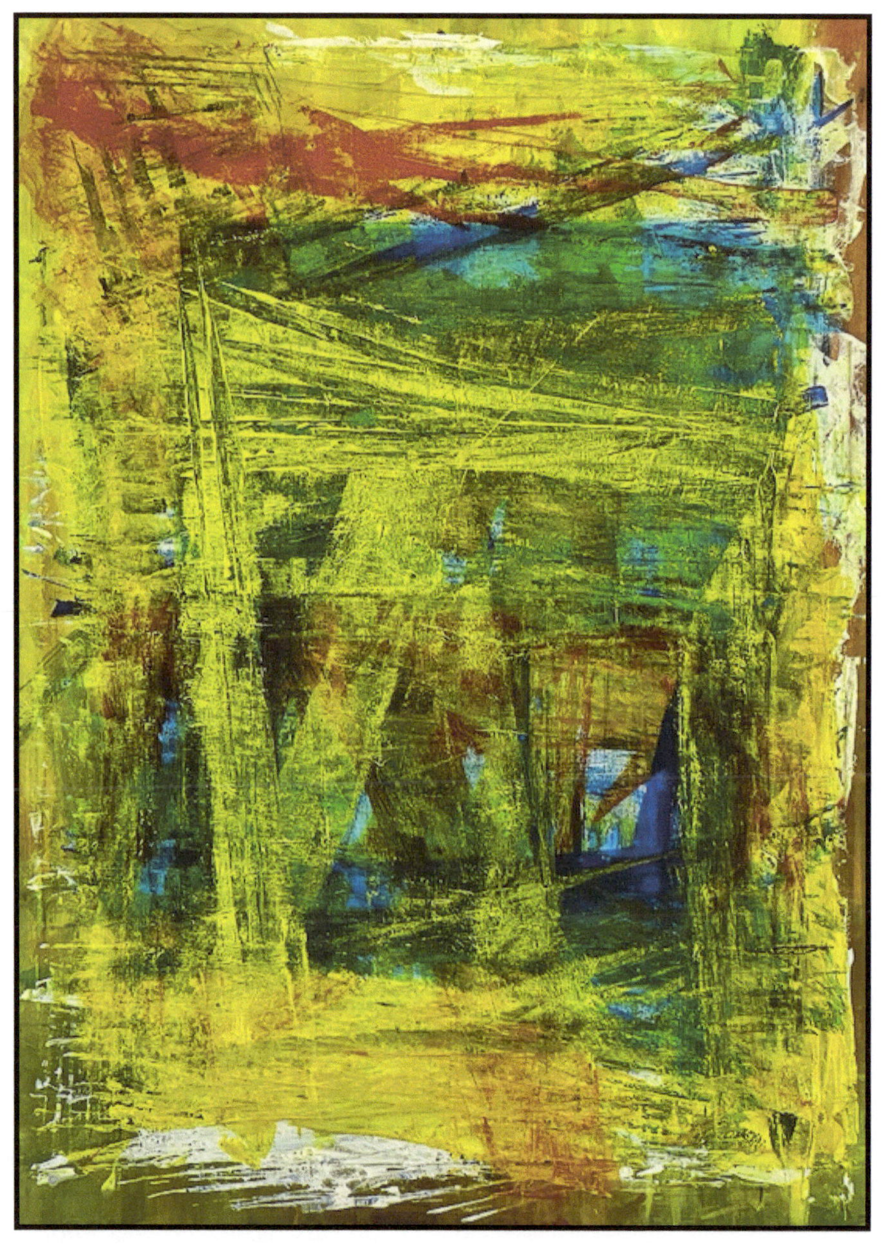

Distance till freedom

Distance till freedom
(2008) Rome

Distance till freedom, restricted and capsized,
not even prioritised, not set aside or justified.
Not taken away to be born in a book,
not silenced by words with a casual look.

Distance till freedom, our frozen dawn,
our damaged hearts, that were never born.
An extra weight confused with hate,
given time, we live checkmate.

Distance till freedom, mark it well,
dig deep inside your wishing well.
For one can forget to use it now,
give it priority, give it hell.

Thread with danger, watch it die,
take its hope, and create a lie.
Exiled on this shifting earth,
it records the days and nights of birth.

It charges when we are strong,
it grips hearts and bangs like a gong.

Distance till freedom falls once more,
freedom now a lonely war,
held by a distance we never saw,
a passive sea without a shore…

Distance jusqu'à la liberté
(2008) Rome,

*La distance jusqu'à la liberté, restreinte et
chavirée, n'est même pas prioritaire, ni mise de
côté, ni justifiée ni enlevée, pour naître dans un
livre, ni réduite au silence par des mots d'un
regard désinvolte.*

*La distance jusqu'à la liberté, notre aube gelée,
nos cœurs abîmés, ne sont jamais nés.
Un fardeau supplémentaire confondu avec la
haine : échec et mat.*

*La distance jusqu'à la liberté, marquez-la bien,
creusez au plus profond de votre puits
à souhaits, car on peut oublier de l'utiliser,
donnez-lui la priorité, donnez-lui l'enfer.*

*Le fil avec le danger, regarde-le mourir, prends
son espoir et fabrique un mensonge.
Exilée sur cette terre mouvante, enregistre les
jours et les nuits de la naissance.*

*Tout s'active lorsque nous sommes forts. Tout
s'empare des cœurs et frappe comme un gong.*

*Distance jusqu'à la liberté tombée une fois de
plus, la liberté est maintenant une guerre
solitaire, tenue par une distance que nous
n'avons jamais vue,
une mer passive sans rivage...*

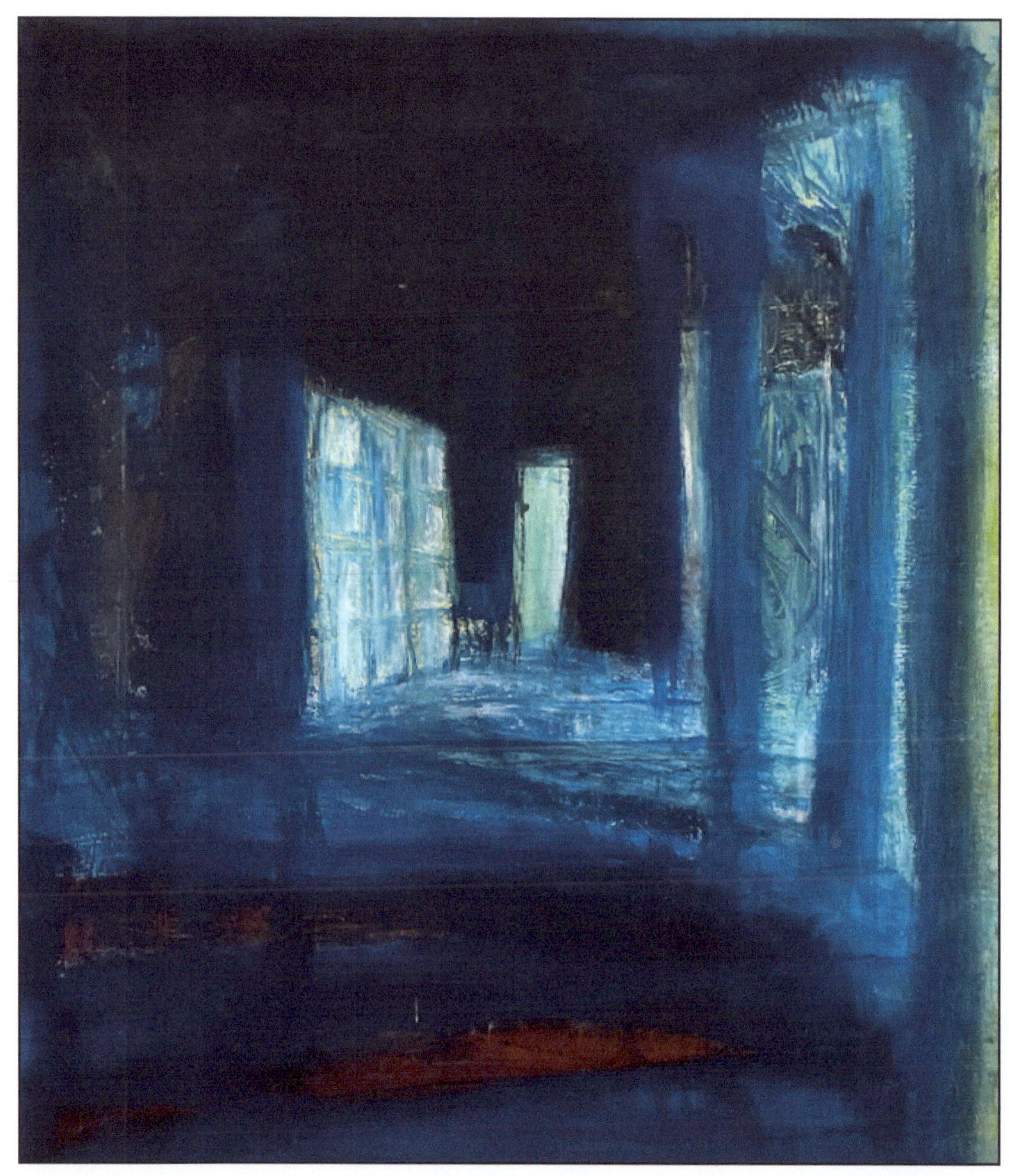

Waiting room

The waiting room
(2003) Rome

In the waiting room, life holds its breath.
One fatal decision, and it could mean death.

And if you leave me here for too long,
Then when you return, I could be gone.

If waiting here cannot cure my mind,
Then let the old lady go first in line.

I will count the windows that I see,
And hope this news is good for me.

It could be worse as I sit alone,
And read the papers on my own.

The headlines read of a tragic tale,
I can't help thinking

maybe this is hell.

La salle d'attente

Dans la salle d'attente, la vie retient son souffle.
Une décision fatale, cela pourrait signifier la mort.

Si tu me laisses attendre trop longtemps ici,
quand tu reviendras, je pourrais avoir disparu.

Si attendre ici ne peut guérir mon esprit,
alors, laisse la vieille dame passer d'abord, j'ai du temps.

Je compterai les fenêtres que je vois,
j'espérerai que cette nouvelle soit bonne pour moi.

Ça pourrait être pire, alors, que je suis assis seul.
Je lis les journaux tout seul,

les gros titres racontent des histoires tragiques.
Je ne peux m'empêcher de penser

que je suis en enfer.

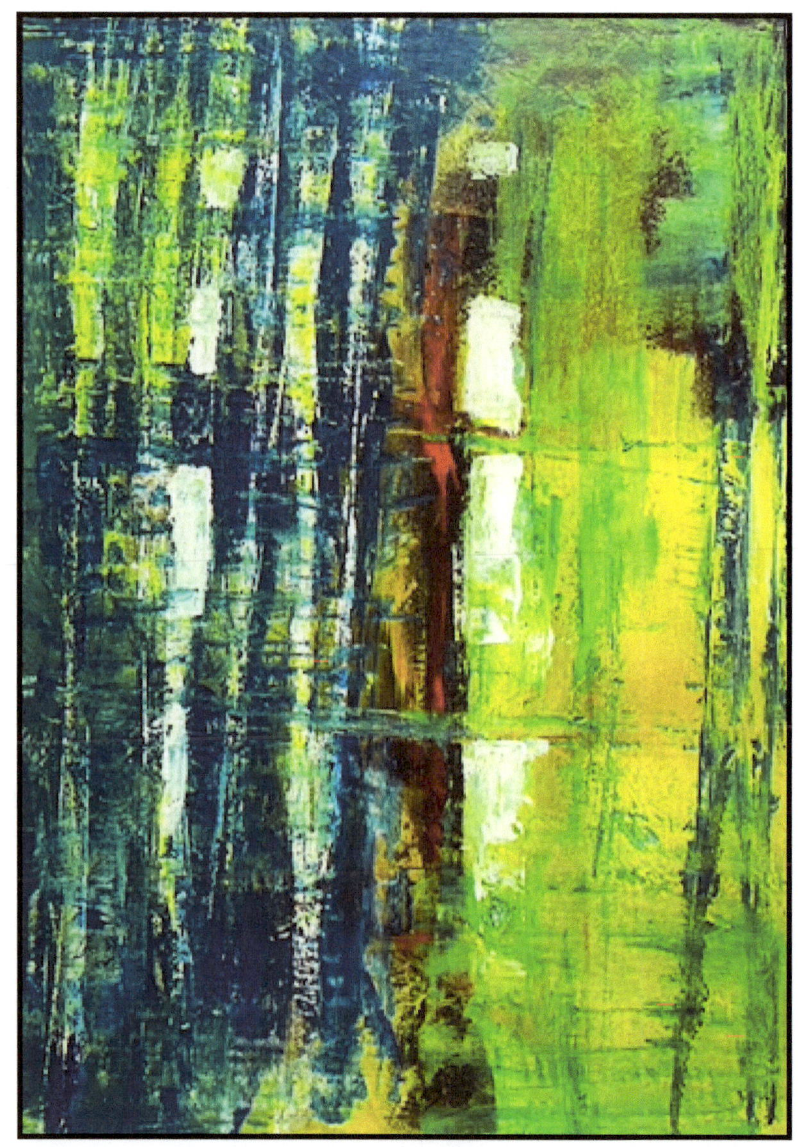

Hearts

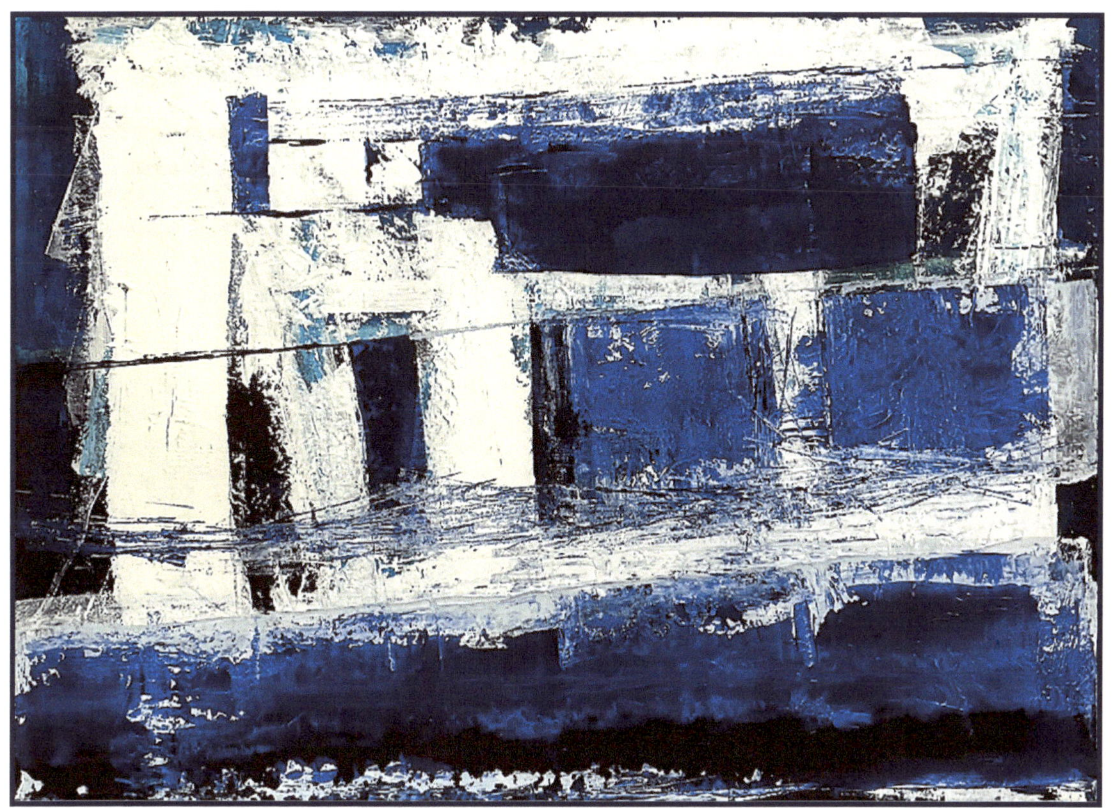

Reflect

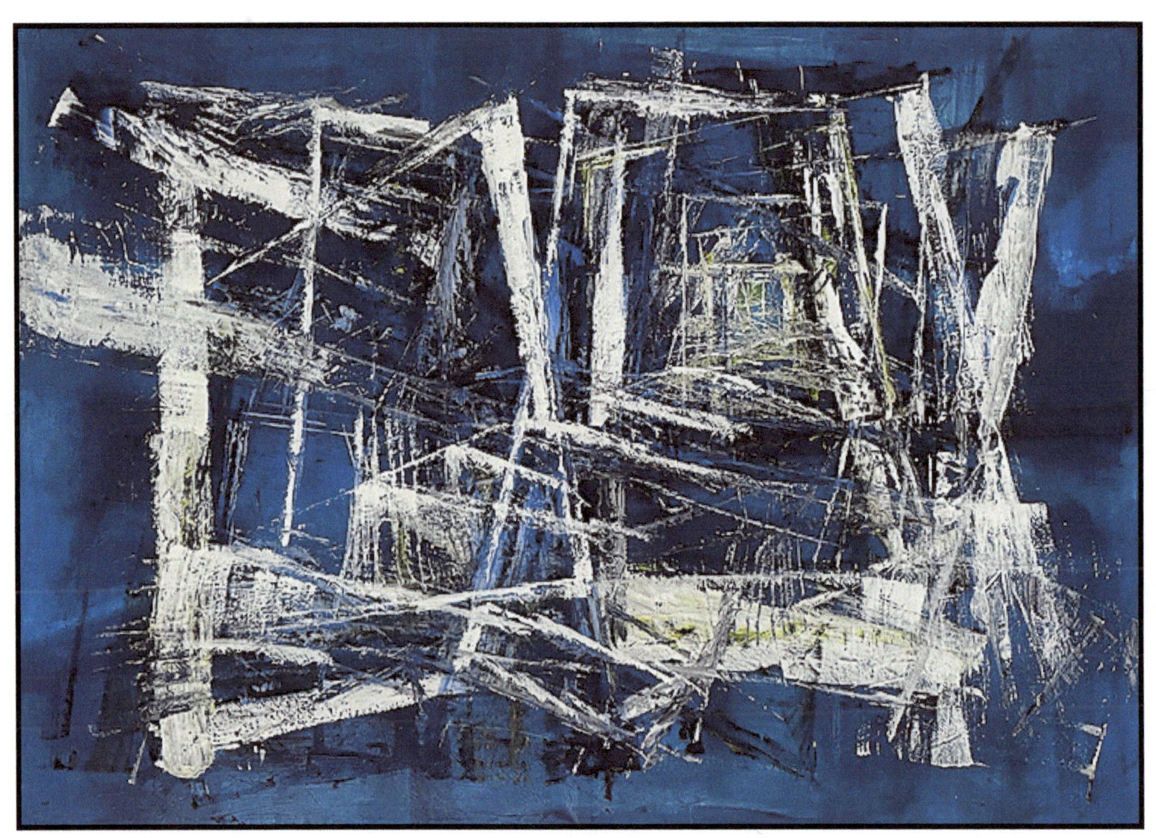

Escape

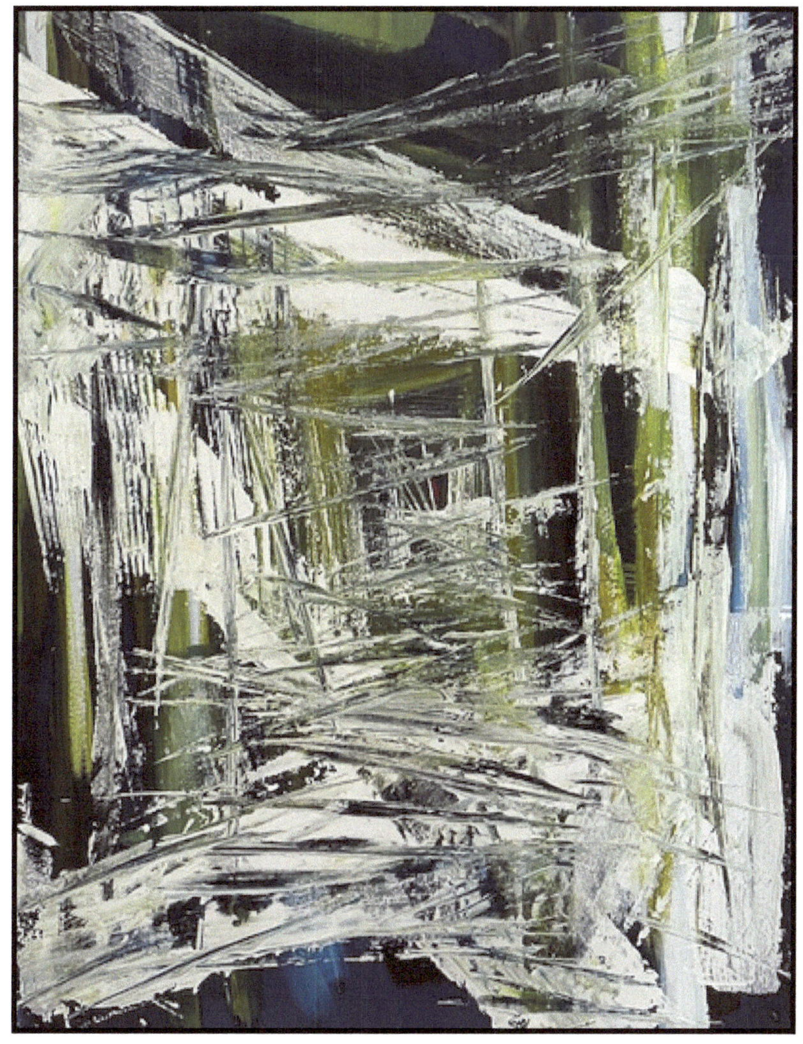

Maze

(2008) Los Angles

I came from nowhere,
sent from nowhere,
and lived in nowhere.
The house was nowhere,
my parents were nowhere,
and the city where I grew up was nowhere.
There was nowhere to be found,
and even if I was nowhere,
I always knew that nowhere would find me.

I guess I was nowhere when I wrote nowhere,
and it came from nowhere when you asked me.

(2008) Los Angles

Je suis venu de nulle part,
envoyé de nulle part
et vécu nulle part.
La maison était nulle part,
mes parents étaient nulle part,
et la ville où j'ai grandi était nulle part.
Il n'y avait nulle part où me trouver,
et même si j'étais nulle part,
je savais toujours que nulle part, me trouverait,

Je suppose que j'étais nulle part quand j'ai écrit nulle part.
Et cela est venu de nulle part quand tu me l'as demandé.

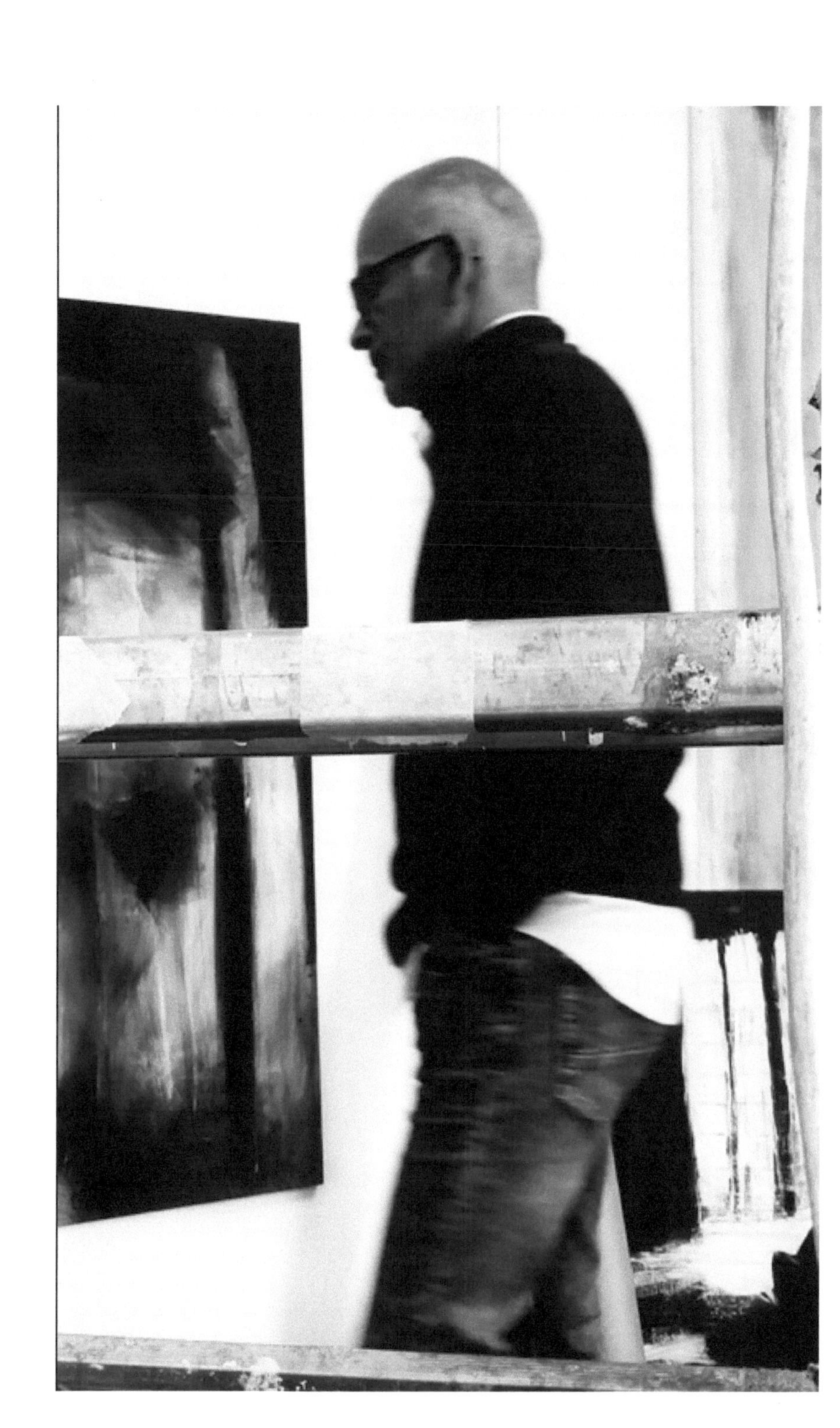

A very special thank you to
Un remerciement très spécial

Sylvie Amigo-Soulet

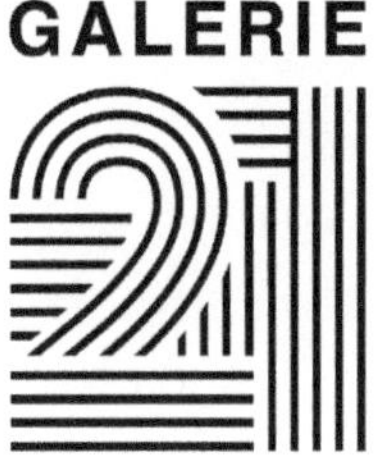

3, Lleux d'expositions TOULOUSE - BALMA - CATALOGNE
galerie21.tls@gmail.com - galerie21.fr
Sylvie Amigo-Soulet - (+33) 6 86 12 41 83

Additional thank you to
Merci également à
Simone Parker, Leo Barbe